I. INTRODUÇÃO

Capítulo 1: Porque é que o euro digital é um CBDC.

Capítulo 2: Visão geral do CBDC.

Capítulo 3: Objetivo do livro.

Capítulo 4: Breve história do CBDC.

Capítulo 1: Porque é que o euro digital é um CBDC

O euro digital é classificado como uma moeda digital do banco central com base nos seguintes critérios:

- **Emissor**: O euro digital é emitido pelo Banco Central Europeu (BCE), o que constitui uma caraterística importante do CBDC. Apenas o banco central é responsável pela emissão e controlo.

- **Forma**: É uma moeda digital que existe apenas em formato eletrónico. Ao contrário do numerário, o euro digital não existe sob forma física.

- **Papel como moeda com curso legal**: O euro digital destina-se a ser utilizado como moeda com curso legal nos países da zona euro, a par do euro tradicional.

- **Estabilidade do valor**: Tal como a moeda tradicional, o euro digital mantém um valor estável ligado ao euro e não está sujeito à volatilidade que caracteriza as criptomoedas como a Bitcoin[1].

As caraterísticas acima descritas fazem do euro digital um CBDC típico, razão pela qual o termo CBDC será utilizado mais adiante no livro.

Se o Banco Central de Portugal decidir de repente emitir o escudo digital, o livro não perderá sua relevância, porque o escudo digital do Banco Central de Portugal também será uma CBDC.

---

[1] A Bitcoin é uma moeda digital que foi criada em 2009 por uma pessoa ou grupo desconhecido utilizando o pseudónimo Satoshi Nakamoto. A Bitcoin é uma moeda descentralizada, o que significa que não é controlada por nenhuma autoridade central, como um governo ou uma instituição financeira. A Bitcoin opera num livro-razão distribuído chamado blockchain, que mantém um registo de todas as transacções da Bitcoin.

SUMÁRIO

I. Introdução
Capítulo 1: Porque é que o euro digital é um CBDC..................4
Capítulo 2: Visão geral do CBDC..................5
Capítulo 3: Objetivo do livro..................6
Capítulo 4: Breve história do CBDC..................7

II. O que é a CBDC?
Capítulo 5: Definição de CBDC..................9
Capítulo 6: Tipos de CBDC..................10
Capítulo 7: Caraterísticas do CBDC..................12

III. Vantagens da CBDC
Capítulo 8: Redução dos custos de transação e melhoria da eficiência..................14
Capítulo 9: Aumento da inclusão financeira..................15
Capítulo 10: Redução da fraude e da corrupção..................16
Capítulo 11: Política monetária reforçada..................17

IV. Desvantagens da CBDC
Capítulo 12: Ameaças aos bancos comerciais..................19
Capítulo 13: Preocupações com a privacidade..................20
Capítulo 14: Desafios operacionais e técnicos..................21
Capítulo 15: Questões de implementação e adoção..................22
Capítulo 16: Riscos da centralização..................23

V. Comparação da CBDC com outros sistemas de pagamento
Capítulo 17: Dinheiro..................25
Capítulo 18: Sistemas de pagamento eletrónico tradicionais..................26
Capítulo 19: Criptomoedas..................27

VI. Estudos de caso sobre a implementação das CBDCs
Capítulo 20: China..................29
Capítulo 21: Suécia..................30
Capítulo 22: Bahamas..................31
Capítulo 23: Nigéria..................32
Capítulo 24: Jamaica..................33
Capítulo 25: França..................34

VII. Questões e desafios regulatórios
Capítulo 26: Quadros jurídicos e regulamentares..36
Capítulo 27: Transacções transfronteiriças e interoperabilidade....................37
Capítulo 28: Cooperação e coordenação internacionais..................................39

VIII. O futuro da CBDC
Capítulo 29: Impacto potencial no sistema financeiro mundial......................41
Capítulo 30: Oportunidades e desafios para as economias emergentes..........42
Capítulo 31: Oportunidades e desafios para as economias avançadas............44
Capítulo 32: Avanços tecnológicos e inovação...46

IX. Medos e preocupações
Capítulo 33: Os receios das pessoas comuns em relação ao CBDC................50
Capítulo 34: Preocupações das empresas relativamente ao CBDC.................52
Capítulo 35: Preocupações do Estado relativamente ao CBDC......................54

X. Conclusão
Capítulo 36: Recapitulação dos pontos principais...57
Capítulo 37: Implicações para os decisores políticos, as instituições financeiras e os consumidores...58
Capítulo 38: Deve ter medo do CBDC?..59
Capítulo 39: Reflexões finais e recomendações..61

XI. Referências..62

Capítulo 2: Visão geral do CBDC

Os CBDCs existem em duas formas: retalhista e grossista. Os CBDC de retalho são concebidos para serem utilizados pelo público em geral e destinam-se a ser utilizados como substitutos do numerário. São normalmente utilizadas para transacções diárias e podem ser guardadas em carteiras digitais. Os CBDC grossistas destinam-se a ser utilizados por instituições financeiras e são utilizados para transacções de grande valor entre bancos.

Um dos principais factores que impulsionam os CBDC é a crescente procura de pagamentos digitais. O aumento dos pagamentos digitais suscitou preocupações quanto ao futuro do numerário, e os CBDC são vistos como uma potencial solução para esta questão. Além disso, os CBDC têm o potencial de oferecer vários benefícios em relação aos sistemas de pagamento tradicionais[2], tais como velocidades de transação mais rápidas, custos mais baixos e maior inclusão financeira.

Outro fator impulsionador dos CBDC é o potencial para melhorar a eficácia da política monetária. Os CBDC poderão permitir aos bancos centrais um maior controlo sobre a oferta de moeda e uma execução mais precisa da política monetária. Tal poderia conduzir a resultados económicos mais estáveis e previsíveis.

No entanto, existem também vários desafios associados aos CBDC. Um dos maiores desafios é garantir que os CBDC sejam seguros e resistam a ataques cibernéticos. Além disso, os CBDC suscitam preocupações quanto à privacidade e à proteção de dados, uma vez que podem permitir aos bancos centrais seguir e monitorizar as transacções. Existem também preocupações quanto ao potencial impacto dos CBDC no sistema financeiro, em particular quanto à possibilidade de os CBDC desestabilizarem o sistema bancário ou desintermediarem os bancos.

Apesar destes desafios, os CBDCs estão a ser explorados pelos bancos centrais de todo o mundo, com vários países já a implementar ou a pilotar CBDCs. Os próximos capítulos deste livro explorarão mais pormenorizadamente as vantagens e desvantagens dos CBDC, bem como os desafios e oportunidades associados à sua implementação.

---

[2] Os sistemas de pagamento referem-se ao conjunto de processos, procedimentos e tecnologias que permitem a transferência de dinheiro entre indivíduos, empresas e outras entidades. Estes sistemas proporcionam uma forma de os compradores pagarem bens e serviços e de os vendedores receberem pagamentos.

Capítulo 3: Objetivo do livro

Em termos gerais, o objetivo deste livro é fornecer uma análise abrangente e equilibrada dos CBDCs, examinando tanto os seus potenciais benefícios como os seus riscos. O livro servirá como um recurso valioso para qualquer pessoa interessada em compreender o potencial dos CBDC e o seu potencial papel no futuro dos pagamentos e do sistema financeiro mundial.

O livro explorará os potenciais benefícios dos CBDC, tais como o aumento da eficiência, a redução dos custos de transação e a melhoria da inclusão financeira. Examina também os desafios associados aos CBDC, tais como desafios operacionais e técnicos, riscos para a estabilidade financeira e preocupações com a privacidade.

Para além de examinar as vantagens e desvantagens dos CBDC, o livro também comparará os CBDC com outros sistemas de pagamento, como o numerário, os sistemas de pagamento eletrónico tradicionais e as criptomoedas[3]. Isto ajudará os leitores a compreender as caraterísticas únicas dos CBDC e o seu potencial papel no futuro dos pagamentos.

O livro também fornece estudos de casos de países que já implementaram ou estão a testar CBDCs, como a China, Suécia, Uruguai, Bahamas, Nigéria, Jamaica, Coreia do Sul e França. Estes estudos de caso ajudarão os leitores a compreender os desafios práticos e as oportunidades associadas à implementação do CBDC.

Além disso, o livro examinará as questões regulamentares e os desafios associados aos CBDC, incluindo os quadros jurídicos e regulamentares, as transacções transfronteiriças e a cooperação e coordenação internacionais.

Por último, o livro explorará o potencial futuro dos CBDC, incluindo o seu potencial impacto no sistema financeiro mundial, as oportunidades e os desafios para as economias emergentes e os avanços tecnológicos e a inovação.

---

[3] As criptomoedas são moedas digitais ou virtuais que utilizam a criptografia para garantir e verificar as transacções e para controlar a criação de novas unidades.

Capítulo 4: Breve história do CBDC

O conceito de Moeda Digital do Banco Central (CBDC) é relativamente novo, mas tem as suas raízes nos primórdios dos pagamentos digitais. Os primeiros sistemas de pagamentos digitais foram introduzidos na década de 1970, com a introdução dos sistemas de transferência eletrónica de fundos (EFT). Estes sistemas permitiram aos bancos transferir fundos eletronicamente, sem necessidade de cheques físicos ou dinheiro.

Na década de 1990, a ascensão da Internet e do comércio eletrónico levou ao desenvolvimento de novos sistemas de pagamento, como o PayPal e outras plataformas de pagamento digital. Estas plataformas permitiram aos particulares e às empresas efetuar pagamentos digitais utilizando as suas contas bancárias ou cartões de crédito.

No entanto, a introdução de pagamentos digitais suscitou preocupações quanto ao futuro do numerário e ao papel dos bancos centrais na economia digital. Consequentemente, os bancos centrais de todo o mundo começaram a explorar o conceito de CBDC.

O primeiro país a explorar seriamente o conceito de CBDCs foi o Equador, que começou a explorar a ideia em 2014.

Em 2015, o Banco de Inglaterra publicou um documento de investigação que explorava os potenciais benefícios e riscos dos CBDC e, em 2016, o Banco do Canadá começou a explorar a possibilidade de emitir um CBDC.

Em 2017, o Banco Popular da China (PBOC) anunciou que estava a explorar a possibilidade de emitir uma versão digital do yuan. Este anúncio suscitou interesse em todo o mundo, com muitos outros bancos centrais a começarem a explorar o conceito de CBDC.

Em 2018, o Banco de Pagamentos Internacionais (BIS) publicou um relatório sobre CBDCs, que destacou os potenciais benefícios e riscos dos CBDCs e forneceu orientações para os bancos centrais que exploram o conceito.

Em 2020, as Bahamas tornaram-se o primeiro país a implementar plenamente um CBDC, com a introdução do Sand Dollar.

II. O QUE É A CBDC?

Capítulo 5: Definição de CBDC.

Capítulo 6: Tipos de CBDC.

Capítulo 7: Caraterísticas do CBDC.

Capítulo 5: Definição de CBDC

A Moeda Digital do Banco Central (CBDC) é uma forma digital de moeda fiduciária[4] que é emitida e apoiada por um banco central. O banco central também garante que os CBDCs mantêm o seu valor, tal como as moedas fiduciárias tradicionais.

Ao contrário das criptomoedas, os CBDCs não são descentralizados[5] e são controlados pelo banco central emissor.

Ao contrário da moeda tradicional, a CBDC é digital e pode ser armazenada em dispositivos electrónicos, como smartphones ou computadores.

A CBDC é reconhecida como moeda com curso legal, o que significa que é aceite como forma válida de pagamento de todas as dívidas, públicas e privadas.

O CBDC pode ser utilizado como um instrumento de política monetária, permitindo aos bancos centrais gerir mais facilmente as taxas de juro, a inflação e outros indicadores económicos.

Os CBDC foram concebidos para serem utilizados como uma forma de pagamento, semelhante ao numerário ou aos pagamentos electrónicos tradicionais. Podem ser utilizadas para efetuar compras e pagamentos, tanto online como pessoalmente, e podem ser transferidas entre indivíduos ou empresas.

---

[4] A moeda fiduciária é um tipo de moeda que não tem valor intrínseco e não é apoiada por um bem físico, como o ouro ou a prata. Em vez disso, é declarada com curso legal por um governo e é aceite como meio de troca com base na confiança na autoridade emissora. A moeda fiduciária é normalmente emitida por bancos centrais e é utilizada como meio de troca de bens e serviços num país. O valor da moeda fiduciária é determinado pela oferta e pela procura e pode ser influenciado por uma série de factores económicos e políticos, como a inflação, as taxas de juro e as políticas governamentais.

[5] Descentralizado refere-se a um sistema ou rede que funciona sem uma autoridade ou controlo central. Em vez disso, o poder de decisão e o controlo são distribuídos por todos os participantes na rede e as transacções são verificadas e validadas por um mecanismo de consenso que envolve todas as partes.

Capítulo 6: Tipos de CBDC

Os CBDC podem ser classificados em diferentes tipos, consoante a sua conceção e funcionalidade:

- Os CBDC de retalho destinam-se a ser utilizados pelo público em geral, à semelhança do numerário. São emitidos pelo banco central e podem ser detidos e utilizados por particulares e empresas para transacções diárias. Os CBDC de retalho podem ser baseados em contas ou em fichas.

- Os CBDC grossistas destinam-se a ser utilizados por instituições financeiras, tais como bancos, para transacções e liquidações interbancárias. São emitidos pelo banco central e só podem ser utilizados por instituições financeiras autorizadas.

- Os CBDC híbridos combinam caraterísticas dos CBDC retalhistas e grossistas. São concebidos para serem utilizados tanto por particulares como por instituições financeiras para diferentes tipos de transacções. Os CBDC híbridos podem ser baseados em contas ou em fichas.

- Os CBDC sintéticos não são emitidos pelo banco central, sendo antes criados por uma entidade ou consórcio privado, utilizando um cabaz de activos como garantia. Foram concebidos para serem utilizados como uma moeda estável[6], com um valor indexado a uma moeda fiduciária ou a um cabaz de moedas.

Os CBDC também podem ser classificados com base na sua tecnologia subjacente:

- Blockchain[7] -based CBDCs use distributed ledger technology (DLT) para registar e verificar transacções

- Os CBDCs não baseados em blockchain usam outros tipos de tecnologia, como um banco de dados centralizado ou um modelo híbrido.

Existem diferentes tipos de CBDCs, incluindo:

---

[6] Uma stablecoin é um tipo de criptomoeda concebida para manter um valor estável em relação a um determinado ativo, como uma moeda fiduciária ou uma mercadoria. As stablecoins são normalmente apoiadas por reservas do ativo subjacente, que são mantidas numa conta de custódia ou numa cadeia de blocos. Este apoio ajuda a garantir a estabilidade do valor da stablecoin e proporciona aos investidores uma reserva de valor fiável e previsível.

- CBDC com base numa conta - Estes CBDC estão ligados a uma conta específica, por exemplo, uma conta bancária. Podem ser transferidos entre contas e utilizados para efetuar pagamentos.

- CBDCs baseados em tokens - São CBDCs emitidos como tokens digitais[8]. Podem ser transferidos entre indivíduos ou empresas e utilizados para efetuar pagamentos.

A conceção dos CBDC pode também variar em função das suas caraterísticas de privacidade e segurança. Os CBDC podem ser anónimos, o que significa que a identidade do utilizador não é revelada durante uma transação, ou rastreáveis, o que significa que a identidade do utilizador pode ser rastreada através do registo da transação. Os CBDC podem também ser concebidos para ter diferentes níveis de segurança, como a autenticação multi-fator ou a verificação biométrica.

De um modo geral, o tipo de CBDC que um banco central opta por emitir dependerá das necessidades e objectivos específicos da sua economia. Os próximos capítulos deste livro explorarão mais pormenorizadamente os potenciais benefícios e riscos dos CBDC, bem como os desafios e oportunidades associados à sua implementação.

---

[7] A tecnologia Blockchain é um livro-razão digital descentralizado que permite o armazenamento e a transferência de dados de forma segura, transparente e inviolável. É constituída por uma rede de computadores interligados (nós) que colaboram para validar e registar transacções e entradas de dados de uma forma com carimbo de data/hora, inalterável e imutável. Cada bloco da cadeia contém um hash do bloco anterior, criando uma cadeia de blocos segura e transparente que fornece uma pista de auditoria clara de todas as transacções. A tecnologia Blockchain é frequentemente associada a criptomoedas, mas tem uma vasta gama de potenciais aplicações em vários sectores, incluindo finanças, gestão da cadeia de fornecimento, cuidados de saúde, entre outros.

[8] Os tokens digitais são unidades de valor criadas e geridas através da tecnologia blockchain. Representam uma vasta gama de activos, incluindo moedas virtuais, activos digitais e activos do mundo real. Os tokens digitais são criados e emitidos através de ofertas iniciais de moedas (ICOs) ou ofertas de tokens de segurança (STOs) e podem ser comprados, vendidos e negociados em bolsas de criptomoedas ou utilizados como meio de pagamento de bens e serviços.

Capítulo 7: Caraterísticas do CBDC

A CBDC tem várias caraterísticas únicas que a diferenciam das formas tradicionais de moeda:

- **Digital**: A CBDC é uma forma digital de moeda que é armazenada e transferida eletronicamente, tornando-a mais fácil de utilizar e mais eficiente do que o dinheiro físico.

- **Programável**: O CBDC pode ser concebido com caraterísticas programáveis, permitindo contratos inteligentes automatizados[9] e outras aplicações.

- **Interoperável**: O CBDC pode ser interoperável com outros sistemas de pagamento e moedas, permitindo transacções transfronteiriças e pagamentos internacionais.

- **Rastreável**: A CBDC pode ser concebida para ser rastreável, permitindo uma maior transparência e responsabilidade nas transacções financeiras.

- **Privacidade dos dados**: O CBDC pode ser concebido com fortes protecções da privacidade dos dados, garantindo que os dados do utilizador são mantidos confidenciais e seguros.

- **Seguro**: O CBDC pode ser concebido com caraterísticas de segurança robustas, como a encriptação, a autenticação multifactor e a verificação biométrica.

---

[9] Os contratos inteligentes são contratos digitais auto-executáveis que são programados para executar automaticamente os termos de um acordo entre duas ou mais partes. São alimentados pela tecnologia blockchain, que fornece uma forma segura e transparente de armazenar e verificar os termos do contrato. Os contratos inteligentes podem ser utilizados para automatizar uma vasta gama de processos empresariais, incluindo transacções financeiras, acordos legais e gestão da cadeia de fornecimento.

III. VANTAGENS DA CBDC

Capítulo 8: Redução dos custos de transação e melhoria da eficiência.

Capítulo 9: Aumento da inclusão financeira.

Capítulo 10: Redução da fraude e da corrupção.

Capítulo 11: Política monetária reforçada.

Capítulo 8: Redução dos custos de transação e melhoria da eficiência

A CBDC pode ser mais barata e mais eficiente do que a moeda tradicional devido a:

- **Taxas mais baixas**: O CBDC pode eliminar ou reduzir as taxas de transação associadas aos métodos de pagamento tradicionais, tais como cartões de crédito, transferências bancárias e ordens de pagamento. Isto pode tornar os pagamentos mais acessíveis, especialmente para pequenas transacções.

- **Liquidação mais rápida**: O CBDC pode facilitar a liquidação de pagamentos em tempo real, reduzindo o tempo e o custo associados à compensação e liquidação das transacções. Este facto pode também reduzir o risco de fraude e de erro associado a atrasos na liquidação.

- **Custos de infra-estruturas mais baixos**: A CBDC pode reduzir a necessidade de infra-estruturas físicas, como agências bancárias e caixas automáticos, reduzindo os custos gerais associados aos serviços bancários tradicionais.

- **Contratos inteligentes automatizados**: O CBDC pode ser concebido com caraterísticas programáveis, permitindo a automatização de contratos inteligentes e outras aplicações. Isto pode reduzir a necessidade de intermediários, como advogados e corretores, reduzindo o custo das transacções.

- **Redução da fraude**: Os CBDC podem ser concebidos com fortes caraterísticas de segurança, como a encriptação e a verificação biométrica, reduzindo o risco de fraude e de ciberataques. Isto pode reduzir o custo associado à deteção e prevenção de fraudes.

- **Melhoria da manutenção de registos**: O CBDC pode melhorar a manutenção de registos e a gestão de dados, facilitando o acompanhamento e a rastreabilidade das transacções financeiras. Isto pode melhorar a eficiência dos processos de auditoria, conformidade e regulamentação.

- **Redução da burocracia**: A CBDC pode reduzir a necessidade de papelada e documentação física associada às transacções financeiras tradicionais, melhorando a eficiência dos processos administrativos.

Capítulo 9: Aumento da inclusão financeira

Uma das principais vantagens dos CBDCs é o seu potencial para aumentar a inclusão financeira. Como mencionado anteriormente, milhões de pessoas em todo o mundo ainda não têm acesso a serviços financeiros formais. Os CBDC podem ajudar a colmatar esta lacuna, proporcionando um meio acessível e de baixo custo para aceder a serviços financeiros. Com os CDB, as pessoas deixariam de ter de depender de bancos ou de outras instituições financeiras para armazenar e aceder ao seu dinheiro, tornando os serviços financeiros mais acessíveis a um maior número de pessoas.

Além disso, os CBDC podem ser concebidos para serem mais inclusivos e acessíveis a pessoas tradicionalmente excluídas do sistema financeiro formal. Por exemplo, os CBDC podem ser concebidos para serem mais fáceis de utilizar por pessoas que não estão familiarizadas com os serviços bancários tradicionais, como as que vivem em zonas rurais ou em comunidades com baixos rendimentos. Os CBDC podem também ser concebidos para serem mais inclusivos para as pessoas com deficiência, por exemplo, incorporando caraterísticas de acessibilidade como a conversão de texto em voz ou descrições áudio.

Além disso, os CBDC podem ajudar a promover a estabilidade financeira e a reduzir o risco de crises financeiras. Com a moeda tradicional, os bancos e outras instituições financeiras desempenham um papel central no sistema financeiro, criando potenciais riscos e vulnerabilidades. Os CDB, por outro lado, podem proporcionar uma forma mais segura e estável de moeda que é diretamente apoiada pelo banco central, reduzindo o risco de corridas aos bancos ou outras crises financeiras.

Por último, os CBDC podem proporcionar aos governos uma maior visibilidade da economia, permitindo uma política monetária mais eficiente e eficaz. Os CBDCs podem ajudar os bancos centrais a compreender melhor a forma como o dinheiro está a ser utilizado, onde está a ser gasto e como está a fluir na economia, permitindo intervenções políticas mais direcionadas e eficazes.

Capítulo 10: Redução da fraude e da corrupção

Uma das principais vantagens dos CBDCs é o seu potencial para reduzir a fraude e a corrupção. A moeda tradicional pode ser facilmente falsificada e as transacções podem ser difíceis de rastrear, o que a torna um alvo atrativo para os criminosos e fraudadores. Os CBDC, por outro lado, são concebidos para serem altamente seguros e difíceis de falsificar, tornando-os menos susceptíveis à fraude e à corrupção.

Os CBDCs também podem ser concebidos para serem altamente rastreáveis, facilitando o rastreio e a investigação de transacções suspeitas por parte das autoridades policiais. Ao manter um registo detalhado de todas as transacções na cadeia de blocos, os CBDCs podem tornar muito mais difícil para os criminosos esconderem as suas actividades e podem fornecer às autoridades policiais provas valiosas em casos de fraude, branqueamento de capitais e outros crimes financeiros.

Além disso, os CBDCs podem ser concebidos para incorporar caraterísticas de segurança avançadas, como a autenticação biométrica, o que pode reduzir significativamente o risco de roubo de identidade e outros tipos de fraude. A autenticação biométrica pode ajudar a garantir que apenas as pessoas autorizadas possam aceder e utilizar os CBDC, tornando muito mais difícil o roubo ou a utilização incorrecta da moeda digital por parte dos autores de fraudes.

Outra vantagem dos CBDCs é que podem ajudar a reduzir a corrupção, proporcionando maior transparência e responsabilidade nas transacções financeiras. Os CBDCs podem ser concebidos para incorporar funcionalidades avançadas de auditoria, que podem ajudar a garantir que todas as transacções são devidamente registadas e contabilizadas. Isto pode tornar muito mais difícil que funcionários corruptos desviem fundos públicos ou se envolvam noutros tipos de má conduta financeira.

Por último, os CBDC podem ajudar a promover a inclusão financeira e a reduzir o risco de exclusão financeira. Ao fornecerem um meio seguro e acessível de acesso a serviços financeiros, os CDBC podem ajudar a trazer mais pessoas para o sistema financeiro formal, reduzindo o risco de exclusão financeira e os custos sociais e económicos associados.

Capítulo 11: Política monetária reforçada

Uma das principais vantagens dos CBDC é o seu potencial para melhorar a política monetária. Os CBDC podem proporcionar aos bancos centrais um maior controlo sobre a oferta de moeda, facilitando-lhes a implementação e gestão da política monetária.

Por exemplo, os bancos centrais podem utilizar os CBDC para aplicar taxas de juro negativas, o que pode ajudar a estimular o crescimento económico, incentivando os consumidores e as empresas a gastar mais dinheiro. As taxas de juro negativas cobram efetivamente aos consumidores e às empresas a detenção de dinheiro em contas de poupança, incentivando-os a gastar ou a investir o seu dinheiro. Ao implementar taxas de juro negativas através dos CBDC, os bancos centrais podem controlar mais fácil e eficazmente a oferta de moeda e estimular a atividade económica.

Os CBDC podem também proporcionar aos bancos centrais uma maior flexibilidade na implementação da política monetária. Os instrumentos tradicionais de política monetária, tais como os ajustamentos das taxas de juro, podem demorar algum tempo a ter impacto na economia. Os CBDC, por outro lado, podem ser concebidos para serem mais reactivos e dinâmicos, permitindo aos bancos centrais ajustarem rapidamente a oferta de moeda em resposta à evolução das condições económicas.

Além disso, os CBDC podem ajudar a reduzir o risco de corridas aos bancos em alturas de crise financeira. Num sistema bancário tradicional, os clientes podem levantar os seus depósitos em massa durante períodos de incerteza económica, o que conduz a uma crise de liquidez para o banco. Os CBDC podem constituir uma alternativa mais estável e segura, permitindo aos consumidores armazenar o seu dinheiro diretamente no banco central, em vez de dependerem dos bancos comerciais.

Por último, os CBDC podem ajudar a reduzir o risco de flutuações cambiais e a volatilidade das taxas de câmbio. Ao fornecer uma forma estável e segura de moeda digital, os CBDCs podem ajudar a reduzir o risco de flutuações cambiais e proporcionar maior estabilidade financeira. Isto pode ser particularmente importante para países com moedas voláteis ou sistemas financeiros instáveis.

IV. DESVANTAGENS DA CBDC

Capítulo 12: Ameaças aos bancos comerciais.

Capítulo 13: Preocupações com a privacidade.

Capítulo 14: Desafios operacionais e técnicos.

Capítulo 15: Questões de implementação e adoção.

Capítulo 16: Riscos da centralização.

Capítulo 12: Ameaças aos bancos comerciais

Embora os CBDCs ofereçam muitos benefícios potenciais em relação à moeda tradicional, também apresentam alguns inconvenientes potenciais. Uma preocupação significativa é que a adoção generalizada de CBDCs poderia constituir uma ameaça à existência de bancos comerciais, uma vez que poderia reduzir a procura de serviços bancários tradicionais.

Os CBDC foram concebidos para serem altamente seguros e fáceis de utilizar, o que os torna uma alternativa atractiva aos serviços bancários tradicionais. Os consumidores podem guardar o seu dinheiro diretamente no banco central, em vez de dependerem dos bancos comerciais para guardar os seus depósitos. Tal poderia levar a uma diminuição significativa da procura de serviços bancários comerciais, uma vez que os consumidores e as empresas recorrem cada vez mais às CDB como forma mais segura e fiável de moeda digital.

Esta situação poderá constituir uma ameaça significativa para a viabilidade dos bancos comerciais, uma vez que estes dependem dos depósitos dos clientes para financiar as suas actividades de concessão de crédito. Se os clientes começarem a levantar em massa os seus depósitos e a armazená-los nos CBDC, tal poderá conduzir a uma redução significativa do montante de dinheiro disponível para os bancos comerciais emprestarem. Tal poderia, por sua vez, conduzir a uma contração da atividade de concessão de crédito, o que poderia ter implicações negativas para o crescimento económico.

Além disso, os CBDC poderão também constituir uma ameaça para o sector do processamento de pagamentos. Uma vez que os CBDC foram concebidos para serem altamente eficientes e rentáveis, poderiam potencialmente substituir os sistemas tradicionais de processamento de pagamentos, tais como redes de cartões de crédito, serviços de transferência eletrónica e outros processadores de pagamentos. Isto poderia ter implicações negativas para as empresas que prestam estes serviços, uma vez que deixariam de ser necessárias num mundo em que as CBDC são a principal forma de moeda digital.

Capítulo 13: Preocupações com a privacidade

Uma das principais preocupações associadas à implementação da CBDC é a privacidade. As CBDC são moedas digitais que podem ser facilmente seguidas e localizadas pelas autoridades centrais, dando potencialmente aos governos um acesso sem precedentes a dados financeiros. Embora este controlo acrescido possa ter alguns benefícios, também suscita preocupações significativas em termos de privacidade e liberdades civis.

Os CBDC foram concebidos para serem altamente seguros e eficientes, o que significa que todas as transacções são registadas num livro-razão central, facilitando aos governos o acompanhamento da atividade financeira. Embora isto possa ser benéfico na prevenção da fraude e do branqueamento de capitais, também significa que o governo teria acesso a informações pormenorizadas sobre todas as transacções efectuadas. Este nível de vigilância pode ser preocupante para os indivíduos que valorizam a sua privacidade e não querem que a sua atividade financeira seja monitorizada pelo governo.

Além disso, os governos poderiam utilizar os CBDC para impor um maior controlo sobre as transacções financeiras. Por exemplo, os governos poderiam estabelecer limites à quantidade de dinheiro que os indivíduos ou as empresas podem deter, ou mesmo bloquear transacções consideradas ilegais ou indesejáveis. Esta situação poderia infringir as liberdades individuais e limitar a flexibilidade financeira.

Outra questão é o facto de a implementação de CBDCs poder facilitar o acesso dos cibercriminosos a dados financeiros sensíveis. Se o registo central não for seguro, os piratas informáticos poderão ter acesso a dados financeiros sensíveis, colocando os indivíduos e as empresas em risco de fraude financeira e roubo de identidade.

Além disso, os CBDCs poderiam exacerbar a desigualdade financeira. As pessoas que não têm acesso a dispositivos digitais ou a ligações fiáveis à Internet não poderiam participar na economia digital, marginalizando ainda mais aqueles que já são economicamente desfavorecidos.

Capítulo 14: Desafios operacionais e técnicos

Embora a CBDC ofereça muitos benefícios potenciais em relação à moeda tradicional, também coloca vários desafios operacionais e técnicos. A implementação de uma CBDC exige um investimento significativo em infra-estruturas e tecnologia, bem como uma análise cuidadosa de vários factores operacionais.

Um dos desafios significativos da implementação do CBDC é a criação e manutenção de uma infraestrutura digital segura e fiável. A infraestrutura digital tem de ser concebida de forma a garantir a segurança do armazenamento e da transferência de fundos e, ao mesmo tempo, ser capaz de lidar eficazmente com grandes volumes de transacções.

Outro desafio é a integração do CBDC com os sistemas de pagamento existentes. A implementação das CBDC exigiria alterações significativas nos sistemas de pagamento para acomodar a nova moeda, o que poderia levar a dificuldades técnicas e ineficiências operacionais. A interoperabilidade dos CBDC com os sistemas de pagamento existentes deve ser assegurada para garantir transacções fluidas e sem descontinuidades.

Além disso, a implementação dos CBDC exige um investimento significativo no desenvolvimento de quadros regulamentares e jurídicos. Devem existir regras e regulamentos claros que regulem a utilização dos CBDC, garantindo que são utilizados para fins legítimos e não promovem actividades ilícitas como o branqueamento de capitais ou o financiamento do terrorismo. Quadros jurídicos claros forneceriam também uma base jurídica para a resolução de litígios, a prevenção da fraude e a indemnização por perdas.

Por último, a implementação dos CBDC exige a confiança do público. Para que os CBDCs sejam amplamente adoptados, o público deve ter confiança na sua segurança, fiabilidade e facilidade de utilização. O público deve também confiar que o banco central irá salvaguardar os seus fundos e evitar qualquer utilização incorrecta dos seus dados financeiros.

Capítulo 15: Questões de implementação e adoção

Um dos principais desafios da implementação dos CDBC é a coordenação e a colaboração entre os vários intervenientes. A implementação dos CDBC requer o envolvimento de vários intervenientes, incluindo bancos centrais, bancos comerciais, prestadores de serviços de pagamento, organismos reguladores e outras instituições financeiras. Assegurar uma coordenação e colaboração eficazes entre estes intervenientes é essencial para garantir o êxito da implementação dos CBDC.

Outro desafio é a normalização dos CBDC. A normalização das CDBC é fundamental para garantir a sua interoperabilidade e compatibilidade com os sistemas de pagamento existentes. A normalização também ajudaria a facilitar as transacções transfronteiriças e a melhorar a eficiência geral. No entanto, chegar a um consenso sobre as normas e protocolos pode ser um desafio, uma vez que as diferentes jurisdições podem ter requisitos e preferências diferentes.

Além disso, a adoção dos CBDC pelo público e pelas empresas constitui outro desafio significativo. O êxito dos CDBC depende da sua adoção generalizada pelo público e pelas empresas. No entanto, pode ser difícil conseguir uma adoção generalizada, especialmente em regiões onde a utilização de numerário ainda é predominante. Além disso, muitas pessoas podem hesitar em adotar novas tecnologias, especialmente quando se trata de transacções financeiras.

Outro desafio é a integração dos CBDC com outros sistemas de pagamento. Os CBDCs devem ser integrados nos sistemas de pagamento existentes, incluindo carteiras digitais e plataformas de pagamento móvel. Esta integração exige um investimento significativo em infra-estruturas e tecnologia, bem como uma estreita colaboração com os prestadores de serviços de pagamento e outras instituições financeiras.

Por último, a implementação dos CBDC poderá ter um impacto significativo no sector financeiro, incluindo os bancos comerciais e outras instituições financeiras. Os CBDC poderão ameaçar os modelos de negócio dos bancos comerciais, reduzindo o seu papel no sistema de pagamentos e aumentando a concorrência. Tal poderia resultar na perda de postos de trabalho e em perturbações significativas no sector financeiro.

Capítulo 16: Riscos da centralização

Uma das potenciais desvantagens dos CBDC é o risco de centralização. Os CBDC foram concebidos para serem emitidos e controlados pelos bancos centrais, o que lhes pode conferir um controlo significativo sobre o sistema financeiro. Embora a centralização possa ter algumas vantagens, também apresenta vários riscos que os decisores políticos devem considerar aquando da conceção e implementação dos CBDC.

Um dos principais riscos da centralização é o potencial de abuso de poder. Os bancos centrais podem utilizar o seu controlo sobre os CBDC para influenciar ou manipular a economia ou os mercados financeiros. Por exemplo, poderiam utilizar os CBDC para inflacionar ou deflacionar artificialmente o valor da moeda, o que poderia ter impactos negativos significativos nas empresas e nos particulares.

Outro risco é o potencial para violações de dados ou ciberataques. Os CBDCs são moedas digitais que são armazenadas em bases de dados centralizadas. Este armazenamento centralizado cria um ponto único de falha que pode ser alvo de cibercriminosos. Um ataque bem sucedido pode resultar na perda de quantidades significativas de riqueza e ter consequências económicas graves.

A centralização também cria um risco de discriminação. Os bancos centrais podem utilizar os CBDC para monitorizar e controlar as transacções, o que pode levar à discriminação de determinados indivíduos ou grupos. Por exemplo, os bancos centrais podem utilizar as CBDC para controlar os hábitos de consumo dos indivíduos ou para recusar transacções a indivíduos com base na sua solvabilidade ou noutros factores.

Além disso, a centralização pode criar um risco de falha sistémica. Os bancos centrais são responsáveis pela manutenção da estabilidade do sistema financeiro. No entanto, o controlo centralizado dos CBDCs pode aumentar o risco de falha sistémica em caso de crise. Se o sistema centralizado falhasse, poderia ter impactos negativos significativos na economia e no sistema financeiro.

V. COMPARAÇÃO DA CBDC COM OUTROS SISTEMAS DE PAGAMENTO

Capítulo 17: Dinheiro.

Capítulo 18: Sistemas de pagamento eletrónico tradicionais.

Capítulo 19: Criptomoedas.

Capítulo 17: Dinheiro

O numerário tem sido o meio de pagamento tradicional durante séculos. É amplamente aceite, facilmente transferível e não requer qualquer infraestrutura técnica. No entanto, com o aumento dos pagamentos digitais, a utilização do numerário está a diminuir.

Uma das principais vantagens do numerário é o seu anonimato. As transacções efectuadas com numerário não são registadas e a identidade do pagador não é revelada. Este anonimato proporciona um certo grau de privacidade, o que é importante para alguns utilizadores. Em contrapartida, é provável que as CDB sejam totalmente rastreáveis e que a identidade do pagador seja conhecida. Esta falta de privacidade pode ser uma desvantagem para alguns utilizadores que valorizam a sua privacidade.

Outra vantagem do numerário é o facto de ser amplamente aceite. É aceite por quase todos os comerciantes e é utilizado para transacções diárias. Os CBDC estão ainda em fase de desenvolvimento e podem demorar algum tempo até serem amplamente aceites.

O numerário é também um meio de pagamento fiável. Não depende da disponibilidade de infra-estruturas técnicas e não existe qualquer risco de falha técnica. Em contrapartida, os CDB dependem de infra-estruturas técnicas e existe o risco de falhas técnicas ou ciberataques, que podem perturbar o sistema de pagamentos.

Outra vantagem do numerário é o facto de não necessitar de uma conta bancária. Qualquer pessoa pode utilizar numerário, independentemente de ter ou não uma conta bancária. Em contrapartida, é provável que as CDB estejam ligadas a uma conta bancária ou a alguma forma de carteira digital, o que pode excluir as pessoas que não têm acesso a estes serviços.

Por último, o numerário proporciona um certo grau de independência financeira. Não é controlada por nenhuma autoridade central e pode ser utilizada sem quaisquer restrições. Em contrapartida, é provável que os CDB sejam emitidos e controlados pelos bancos centrais, que podem impor restrições à sua utilização.

Capítulo 18: Sistemas de pagamento eletrónico tradicionais

Os sistemas tradicionais de pagamento eletrónico, como os cartões de crédito e de débito, as transferências bancárias e as carteiras electrónicas, são amplamente utilizados há vários anos. Estes sistemas de pagamento tornaram-se mais sofisticados com o desenvolvimento da tecnologia e oferecem várias vantagens em relação ao numerário.

Uma das principais vantagens dos sistemas de pagamento eletrónico tradicionais é a sua conveniência. Permitem aos utilizadores efetuar pagamentos de forma rápida e fácil, sem necessidade de dinheiro físico. Em contrapartida, os CBDC podem exigir infra-estruturas técnicas adicionais, como carteiras digitais ou aplicações móveis, o que pode limitar a sua conveniência.

Outra vantagem dos sistemas de pagamento eletrónico tradicionais é a sua interoperabilidade. Podem ser utilizados para efetuar pagamentos transfronteiras e entre diferentes sistemas de pagamentos, o que os torna um instrumento útil para o comércio internacional. Em contrapartida, é provável que os CBDC sejam emitidos e controlados por bancos centrais individuais, o que pode limitar a sua interoperabilidade.

Os sistemas de pagamento eletrónico tradicionais são também amplamente aceites pelos comerciantes e constituem uma parte normal da infraestrutura de pagamento. Esta aceitação generalizada significa que os utilizadores não precisam de se preocupar com o facto de um determinado comerciante aceitar ou não um determinado sistema de pagamento. Em contrapartida, os CBDC podem demorar algum tempo até serem amplamente aceites e podem exigir infra-estruturas técnicas adicionais.

Por último, os sistemas de pagamento eletrónico tradicionais são familiares aos utilizadores e são utilizados há vários anos. Esta familiaridade significa que é mais provável que os utilizadores confiem nestes sistemas de pagamento e os utilizem com confiança. Em contrapartida, os CDBC são um conceito relativamente novo e os utilizadores podem hesitar em utilizá-los até estarem mais familiarizados com eles.

Capítulo 19: Criptomoedas

Uma das principais vantagens das criptomoedas é a sua descentralização. Não são controladas por nenhuma autoridade central, como um governo ou um banco central, o que as torna imunes a intervenções governamentais ou bancárias.

As criptomoedas também oferecem anonimato e privacidade aos utilizadores. As transacções são registadas num livro-razão público, mas a identidade das partes envolvidas na transação não é revelada. Este anonimato faz das criptomoedas uma escolha popular para aqueles que valorizam a sua privacidade. Em contrapartida, os CBDC podem estar sujeitos a regulamentos mais rigorosos e podem não oferecer o mesmo nível de anonimato.

Outra vantagem das criptomoedas é o seu alcance global. Podem ser utilizadas para efetuar pagamentos transfronteiriços sem necessidade de câmbio de moeda ou do envolvimento de intermediários. Em contrapartida, os CBDC podem estar limitados a uma jurisdição ou área monetária específica.

As criptomoedas também oferecem um elevado grau de segurança. Utilizam criptografia avançada para proteger as transacções contra fraude e roubo, e a sua natureza descentralizada torna-as difíceis de invadir ou manipular.

No entanto, as criptomoedas também têm várias desvantagens. Estão sujeitas a uma elevada volatilidade, o que as torna uma opção de investimento arriscada. O seu anonimato também as torna atractivas para actividades criminosas, como o branqueamento de capitais e o financiamento do terrorismo.

Além disso, a falta de regulamentação e de enquadramento jurídico pode limitar a sua aceitação pelos comerciantes e pelas instituições financeiras.

Em contrapartida, os CBDC são susceptíveis de estar sujeitos a uma regulamentação mais rigorosa e podem oferecer um nível mais elevado de segurança e estabilidade. Podem também ser mais amplamente aceites pelos comerciantes e pelas instituições financeiras devido ao apoio do banco central e ao seu quadro jurídico.

VI. ESTUDOS DE CASO SOBRE A IMPLEMENTAÇÃO DAS CBDCS

Capítulo 20: China.

Capítulo 21: Suécia.

Capítulo 22: Bahamas.

Capítulo 23: Nigéria.

Capítulo 24: Jamaica.

Capítulo 25: França.

Capítulo 20: China

A China tem sido uma das pioneiras no desenvolvimento e implementação de uma Moeda Digital do Banco Central (CBDC), denominada Pagamento Eletrónico em Moeda Digital (DCEP). O programa-piloto do DCEP foi lançado em 2020 e, desde então, tem sido gradualmente alargado para abranger mais regiões do país.

O DCEP foi concebido para funcionar como uma versão digital do yuan chinês (e-CNY) e tem por objetivo facilitar as transacções entre pares e reduzir a dependência do numerário e de outras formas de moeda física.

Em 2021, dezenas de milhares de lojas e empresas aceitam o e-CNY. Estão a ser testadas transferências de longa distância. As máquinas ATM na China podem aceitar moedas estrangeiras e convertê-las em yuan digital, emitindo instantaneamente um cartão de plástico e uma conta eletrónica para a sua utilização.

No início de 2022, 140 milhões de utilizadores abriram carteiras com e-CNY e realizaram 10 mil milhões de dólares em transacções. Foram abertas 10 milhões de contas de empresas. 1,5 milhões de empresários estão prontos para aceitar pagamentos em yuan digital.

Os testes do e-CNY no primeiro semestre de 2022, por exemplo, como meio de pagamento durante os Jogos Olímpicos de Pequim, foram impressionantemente bem-sucedidos.

A partir de 2023, o DCEP foi implementado em grande medida, com relatórios que sugerem que está a ser amplamente utilizado pelos cidadãos chineses para vários tipos de transacções.

A data oficial de lançamento ainda não foi anunciada, pelo que o CBDC chinês (DCEP) ainda se encontra numa versão piloto.

No entanto, 31 províncias/regiões autónomas estão a utilizar o yuan digital. 5 milhões de empresários aceitam-no como meio de pagamento. Os consumidores efectuaram 260 milhões de transacções.

Capítulo 21: Suécia

A Suécia é um dos países com menor utilização de numerário no mundo, o que facilitou o desenvolvimento de uma e-krona. O Riksbank sueco está a implementar um projeto-piloto de moeda digital de fevereiro de 2020 a fevereiro de 2021.

O banco central sueco, Riksbank, tem vindo a explorar a possibilidade de emitir uma e-krona, uma versão digital da moeda do país. Em 2017, o Riksbank lançou um programa-piloto para testar a viabilidade de uma e-krona e, em 2020, o banco publicou um relatório sobre a potencial implementação de uma e-krona.

A próxima fase do projeto e-krona do Riksbank, em 2023, envolverá várias actividades, incluindo

- Investigar o impacto de uma e-krona na economia sueca.
- Realização de testes da infraestrutura técnica para o e-krona, com ênfase nos pagamentos fora de linha e na sustentabilidade.
- Examinar se e como a introdução de uma e-krona afectaria o actual mandato do Riksbank e determinar as alterações legais necessárias para que o Riksbank emita uma e-krona.
- Estabelecer um diálogo com várias partes interessadas, como outras autoridades e o mercado, através do fórum de diálogo externo que foi criado em 2022.
- Realização de estudos de utilizadores dirigidos tanto aos utilizadores finais como aos comerciantes.
- Preparar a eventual aquisição de uma e-krona emissível.

Capítulo 22: Bahamas

As Bahamas são uma pequena nação insular nas Caraíbas que implementou recentemente um CBDC chamado Sand Dollar. O Sand Dollar está indexado ao dólar das Bahamas, que por sua vez está indexado ao dólar dos EUA, e é **o primeiro CBDC a ser lançado no mundo**.

O Sand Dollar foi lançado em outubro de 2020 e foi projetado para fornecer um sistema de pagamento seguro e eficiente que é acessível a todos os membros da sociedade. O Banco Central das Bahamas (CBOB) enfatizou que o Sand Dollar não se destina a substituir o dinheiro, mas sim a complementá-lo, oferecendo uma opção de pagamento digital que é segura e conveniente.

Uma das principais razões para a implementação do Sand Dollar é o aumento da inclusão financeira. As Bahamas são um país com um elevado nível de utilização de numerário e muitos membros da sociedade não têm acesso aos serviços bancários tradicionais. O Sand Dollar foi concebido para proporcionar um sistema de pagamento seguro e eficiente, acessível a todos os membros da sociedade, incluindo aqueles que não são servidos pelas instituições financeiras tradicionais.

Outra razão para a implementação do dólar de areia é a redução dos custos e dos riscos associados às transacções em numerário. O CBOB estima que as transacções em numerário custam ao país cerca de 60 milhões de dólares por ano em custos de manuseamento, armazenamento e segurança. O Sand Dollar foi concebido para reduzir estes custos e proporcionar um sistema de pagamento mais eficiente para o país.

A implementação do Sand Dollar não foi isenta de desafios. O CBOB teve de responder a preocupações sobre a privacidade e a segurança dos utilizadores, bem como a preocupações sobre o impacto no sector bancário tradicional. O CBOB sublinhou que o Sand Dollar foi concebido para complementar os serviços bancários tradicionais e que não se destina a substituí-los.

De um modo geral, a implementação do Sand Dollar nas Baamas constitui um marco importante no desenvolvimento dos CBDC.

Capítulo 23: Nigéria

A Nigéria é um grande país da África Ocidental com uma população de mais de 200 milhões de pessoas. A Nigéria tem um elevado nível de utilização de numerário. Em fevereiro de 2021, o Banco Central da Nigéria (CBN) lançou a aclamada eNaira, o primeiro CBDC do continente africano.

Embora a eNaira seja um projeto-piloto, está completamente aberta ao público, embora inicialmente só estivesse disponível para os titulares de contas bancárias. De acordo com o Nigerian BusinessDay, apenas 80 vendedores estão atualmente activos, invocando a falta de procura.

Quanto aos resultados da implementação, não há informações suficientes disponíveis para o ano de 2022. No entanto, de acordo com o Governador do Banco Central da Nigéria, a eNaira foi concebida para ajudar a reduzir o custo da gestão de numerário, melhorar a inclusão financeira e tornar as transacções transfronteiriças mais eficientes e seguras.

É de salientar que a implementação da eNaira enfrentou alguns desafios iniciais, incluindo dificuldades no registo da moeda digital e longos períodos de espera para a confirmação das transacções.

Embora a aplicação eNaira tenha sido descarregada 764 000 vezes, quase metade dos utilizadores nunca a utilizou. O banco central registou menos de um terço do número carregado e 168 300 contas estão activas. No entanto, apenas 18 460 carteiras foram carregadas, incluindo 80 comerciantes.

De acordo com a Bloomberg, apenas 1 em cada 200 nigerianos utiliza a eNaira. E isto depois de o governo ter introduzido descontos e outros incentivos como medida desesperada para chamar a atenção para a moeda digital.

Os nigerianos preferem utilizar a moeda estável Tether (USDT).

Capítulo 24: Jamaica

A Jamaica é uma pequena nação insular nas Caraíbas com uma população de aproximadamente 2,9 milhões de pessoas. Em agosto de 2020, o Banco da Jamaica (BOJ) anunciou que havia feito uma parceria com a empresa de tecnologia global Ecurrency Mint Limited para começar a testar um CBDC.

O Banco da Jamaica (BOJ) concluiu com sucesso um piloto de sua Moeda Digital do Banco Central (CBDC) com o fornecedor eCurrency Mint Inc. em seu Fintech Regulatory Sandbox em março de 2021. O BOJ emitiu uma Expressão de Interesse em julho de 2020, convidando os fornecedores de tecnologia a apresentar propostas para apoiar o teste de uma solução CBDC em seu Fintech Regulatory Sandbox. O BOJ fez parceria com a eCurrency para permitir a emissão e distribuição de CBDC em uma parceria público-privada na Jamaica. A solução eCurrency permite que o banco central emita curso legal como um instrumento ao portador em formato digital, usando o dólar jamaicano (JMD).

O Ministro das Finanças e da Função Pública, Dr. Nigel Clarke, anunciou que a CBDC do BOJ, denominada JAM-DEX, será lançada no início de 2022. O BOJ manterá o seu papel de único emissor da moeda nacional, ao mesmo tempo que dará poderes às instituições financeiras regulamentadas, incluindo bancos comerciais e prestadores de serviços de pagamento, para utilizarem a CBDC.

Não foram encontradas informações específicas sobre os resultados da implementação dos CBDC na Jamaica. No entanto, um inquérito realizado em 2021 revelou que 85% dos bancos centrais inquiridos estavam a explorar as vantagens e desvantagens dos CBDC, o que indica um interesse crescente na implementação de CBDC em muitos países. Além disso, a implementação de CBDCs envolve um equilíbrio complexo de cooperação e concorrência entre o banco central e os prestadores de serviços de pagamento privados.

De um modo geral, os resultados das pesquisas disponíveis na Internet sugerem que a aplicação do CBDC na Jamaica está a progredir bem e suscitou o interesse de outros países, mas não estão imediatamente disponíveis informações específicas sobre os resultados da aplicação.

Capítulo 25: França

A França tem trabalhado ativamente na implementação da Moeda Digital do Banco Central (CBDC) há já algum tempo, com o Banque de France a liderar os esforços. Aqui está um resumo das informações disponíveis sobre a implementação do CBDC em França e os resultados dessa implementação em março de 2023:

Implementação do CBDC em França:

- O Banque de France lançou um programa de CBDC por grosso em março de 2020, centrado na experimentação de um euro digital para fins grossistas.

- O Banque de France realizou com sucesso uma experiência CBDC com um grupo de agentes económicos, impulsionado pela Euroclear, em junho de 2021. A experiência consistiu em simular a emissão e subscrição de obrigações do Estado numa cadeia de blocos autorizada utilizando um CBDC.

- O Banque de France concluiu a primeira fase do seu programa CBDC grossista e publicou um relatório sobre os resultados em novembro de 2021. O relatório destaca os benefícios e desvantagens do CBDC e fornece informações sobre seus casos de uso potencial.

Resultados da implementação do CBDC em França a partir de março de 2023:

- O Banque de France pretende ter um CBDC operacional por grosso pronto até 2023 e tem vindo a intensificar os seus esforços nesse sentido.

- O Banque de France testou com êxito a utilização do CBDC para a liquidação de obrigações digitais do Banco Europeu de Investimento numa cadeia de blocos, com investidores que subscreveram obrigações digitais emitidas pelo BEI num montante total de 100 milhões de euros.

- No entanto, ainda não é claro qual será o impacto total da implementação do CBDC em França em 2023, uma vez que o Banque de France ainda se encontra em fase experimental e a implementação do CBDC é um processo complexo que requer uma consideração cuidadosa de vários factores.

Em resumo, a França tem trabalhado ativamente na implementação do CBDC, com o Banque de France a liderar os esforços. Embora o Banque de France pretenda ter um CBDC operacional por grosso pronto até 2023, ainda não é claro qual será o impacto total da implementação do CBDC em França em 2023.

VII. QUESTÕES E DESAFIOS REGULATÓRIOS

Capítulo 26: Quadros jurídicos e regulamentares.

Capítulo 27: Transacções transfronteiriças e interoperabilidade.

Capítulo 28: Cooperação e coordenação internacionais.

Capítulo 26: Quadros jurídicos e regulamentares

Uma das principais questões e desafios regulamentares associados à implementação da CBDC é o quadro jurídico e regulamentar que envolve a sua utilização. Ao contrário da moeda tradicional, que é apoiada por um banco central e está sujeita a quadros legais e regulamentares estabelecidos, as CBDC são uma forma de moeda relativamente nova e não testada que exige um conjunto único de regulamentos e leis.

Um dos principais desafios a este respeito é determinar o estatuto jurídico das CBDC. Atualmente, a maioria dos sistemas jurídicos não reconhece as moedas digitais como moeda com curso legal e, como tal, existe uma falta de clareza jurídica em torno da utilização e regulamentação das CBDC. Este facto pode dificultar às empresas e aos indivíduos a compreensão dos seus direitos e obrigações quando utilizam CBDCs.

Outra questão regulamentar relacionada com os CBDC é a garantia de que estes cumprem as leis e regulamentos existentes, tais como os relacionados com os requisitos de combate ao branqueamento de capitais (AML) e de conhecimento do cliente (KYC). Uma vez que as CBDC são uma forma relativamente nova de moeda, podem existir lacunas nos regulamentos AML/KYC existentes que precisam de ser resolvidas para garantir que as CBDC não são utilizadas para actividades ilícitas, como o branqueamento de capitais e o financiamento do terrorismo.

Além disso, o quadro regulamentar que envolve as CBDC deve garantir a sua interoperabilidade com os sistemas de pagamento existentes, tanto a nível nacional como internacional. Para o efeito, será necessária a coordenação e cooperação entre os bancos centrais, as instituições financeiras e os organismos reguladores para estabelecer normas e protocolos comuns para a utilização e troca de CBDC.

Por último, os quadros regulamentares devem também ter em conta as preocupações em matéria de privacidade associadas à utilização de CBDC. Como já foi referido, os CBDC têm o potencial de proporcionar uma maior privacidade financeira aos utilizadores, mas existe também o risco de serem utilizados para actividades ilícitas. Como tal, os quadros regulamentares devem encontrar um equilíbrio entre a garantia de que os CBDC são utilizados para fins legítimos e a proteção dos direitos de privacidade dos utilizadores.

Capítulo 27: Transacções transfronteiriças e interoperabilidade

As transacções transfronteiras e a interoperabilidade são outro conjunto de questões e desafios regulamentares associados à implementação das moedas digitais dos bancos centrais (CBDC). As CBDC têm potencial para facilitar as transacções transfronteiras, mas tal exige coordenação e cooperação entre os bancos centrais e os organismos reguladores das diferentes jurisdições.

Um dos principais desafios neste domínio é assegurar a interoperabilidade entre os diferentes sistemas CBDC. A interoperabilidade refere-se à capacidade de os diferentes sistemas CBDC trabalharem em conjunto sem problemas, permitindo aos utilizadores efetuar transacções em diferentes sistemas. Para o efeito, é necessário o estabelecimento de normas e protocolos comuns para a utilização e o intercâmbio de CBDC, bem como a coordenação entre bancos centrais e organismos reguladores de diferentes jurisdições.

Além disso, as transacções transfronteiriças que envolvem CBDCs levantam uma série de questões regulamentares relacionadas com os requisitos de combate ao branqueamento de capitais (AML[10]) e de conhecimento do cliente (KYC[11]).

---

[10] AML significa Anti-Money Laundering (combate ao branqueamento de capitais), que se refere às leis, regulamentos e procedimentos implementados pelos governos e instituições financeiras para prevenir, detetar e comunicar actividades que envolvam a ocultação de fundos ou activos obtidos ilegalmente. O branqueamento de capitais é o processo através do qual os criminosos tentam fazer com que o dinheiro obtido ilegalmente pareça legítimo, normalmente utilizando uma série de transacções ou investimentos para ocultar a origem dos fundos. Os regulamentos AML visam evitar esta situação, exigindo que as instituições financeiras efectuem a devida diligência em relação aos seus clientes, monitorizem as transacções para detetar actividades suspeitas e comuniquem quaisquer transacções ou comportamentos suspeitos às autoridades competentes. O objetivo da LBC é impedir a utilização do sistema financeiro para actividades ilícitas e proteger a integridade do sistema financeiro como um todo.

[11] KYC significa "Know Your Customer" (Conhecer o seu cliente), que se refere ao processo através do qual as empresas verificam a identidade dos seus clientes. O objetivo do KYC é evitar o roubo de identidade, a fraude, o branqueamento de capitais e outras actividades ilegais, garantindo que os clientes são quem afirmam ser. Normalmente, o KYC envolve a recolha e verificação de informações pessoais, tais como nome, morada, data de nascimento e documentos de identificação emitidos pelo governo. Estas informações são utilizadas para avaliar o perfil de risco do cliente e determinar o nível de diligência necessário. As regulamentações KYC são normalmente encontradas no sector dos serviços financeiros, mas também são utilizadas noutros sectores, como as telecomunicações, os jogos e o comércio eletrónico.

Outra questão regulamentar relacionada com as transacções transfronteiriças e a interoperabilidade é a necessidade de estabelecer mecanismos para a resolução de litígios e a aplicação de acordos legais entre as partes em diferentes jurisdições. Isto exige coordenação e cooperação entre os sistemas jurídicos e os organismos reguladores de diferentes jurisdições para garantir que os litígios possam ser resolvidos de forma eficiente e eficaz.

Por último, os quadros regulamentares devem também ter em conta o potencial impacto dos CBDC na estabilidade do sistema financeiro mundial. Dado que os CBDC têm potencial para perturbar os sistemas financeiros existentes e criar novas formas de concorrência, é necessário assegurar que os CBDC sejam integrados no sistema financeiro existente de uma forma que apoie a estabilidade financeira e evite riscos sistémicos.

Capítulo 28: Cooperação e coordenação internacionais

A cooperação e a coordenação internacionais são questões regulamentares fundamentais e desafios associados à implementação das moedas digitais dos bancos centrais (CBDC). Dado que as CBDC têm potencial para afetar o sistema financeiro mundial e as transacções transfronteiriças, a coordenação e a cooperação entre os bancos centrais e os organismos reguladores de diferentes jurisdições são essenciais.

Um dos principais desafios a este respeito é a necessidade de estabelecer normas e protocolos comuns para a utilização e o intercâmbio de CBDCs entre diferentes jurisdições. Para tal, é necessária a coordenação e cooperação entre bancos centrais, instituições financeiras e organismos reguladores de diferentes países, de modo a garantir que os CBDC possam ser utilizados de forma contínua e segura além-fronteiras.

Dado que os CBDC têm potencial para perturbar os sistemas financeiros existentes e criar novas formas de concorrência, é necessária uma cooperação e coordenação internacionais para garantir que os CBDC sejam integrados no sistema financeiro existente de uma forma que apoie a estabilidade financeira e evite riscos sistémicos.

Além disso, a cooperação e a coordenação internacionais são importantes para a resolução de questões regulamentares relacionadas com os requisitos em matéria de combate ao branqueamento de capitais (AML) e de conhecimento do cliente (KYC). Dado que os CBDCs são uma forma relativamente nova de moeda, pode haver lacunas na regulamentação existente em matéria de AML/KYC que precisam de ser resolvidas para garantir que os CBDCs não sejam utilizados para actividades ilícitas como o branqueamento de capitais e o financiamento do terrorismo. A cooperação e a coordenação internacionais podem ajudar a estabelecer normas comuns e melhores práticas para as regulamentações AML/KYC relacionadas com os CBDC.

Por último, a cooperação e a coordenação internacionais são igualmente importantes para resolver as questões relacionadas com a privacidade e a segurança dos dados. Dado que os CBDC implicam a utilização de tecnologias digitais e o intercâmbio de dados financeiros sensíveis, são necessárias normas e protocolos internacionais para garantir a segurança dos CBDC e proteger a privacidade dos utilizadores.

VIII. O FUTURO DA CBDC

Capítulo 29: Impacto potencial no sistema financeiro mundial.

Capítulo 30: Oportunidades e desafios para as economias emergentes.

Capítulo 31: Oportunidades e desafios para as economias avançadas.

Capítulo 32: Avanços tecnológicos e inovação.

Capítulo 29: Impacto potencial no sistema financeiro mundial

O futuro das moedas digitais dos bancos centrais (CBDC) é um tema de grande debate e especulação. Embora as CBDC tenham o potencial de transformar o sistema financeiro mundial, existem também preocupações quanto ao seu potencial impacto na estabilidade financeira e na privacidade dos utilizadores.

Um impacto potencial dos CBDCs no sistema financeiro mundial é o potencial para uma maior inclusão financeira. Os CBDC têm o potencial de fornecer acesso a serviços financeiros a pessoas que atualmente não têm acesso a serviços bancários ou que não têm acesso a serviços bancários, o que poderia ajudar a reduzir a pobreza e a promover o crescimento económico.

Uma vez que os CBDC são digitais e podem ser trocados sem a necessidade de intermediários, poderão ajudar a reduzir os custos de transação e aumentar a velocidade das transacções, o que poderá beneficiar tanto as empresas como os consumidores.

No entanto, existem também preocupações quanto aos potenciais riscos associados às CBDC. Uma das preocupações é o potencial de aumento da instabilidade financeira se as CDB substituírem o numerário e os depósitos bancários como reserva de valor. Tal poderia conduzir a uma diminuição da procura de depósitos bancários, o que, por sua vez, poderia reduzir o montante de financiamento disponível para os bancos concederem empréstimos, conduzindo potencialmente a uma contração do crédito e à instabilidade financeira.

Outra preocupação é o potencial impacto dos CBDC na política monetária. Os CBDC podem potencialmente dificultar a implementação da política monetária pelos bancos centrais, uma vez que podem comprometer a eficácia dos instrumentos tradicionais de política monetária, tais como os ajustamentos das taxas de juro.

A privacidade é outra das principais preocupações relacionadas com o futuro dos CBDC. Embora os CBDCs tenham o potencial de proporcionar maior privacidade e segurança em comparação com os métodos de pagamento tradicionais, existem também preocupações quanto à possibilidade de os governos e os bancos centrais monitorizarem e acompanharem a utilização dos CBDCs, infringindo potencialmente os direitos de privacidade dos utilizadores.

Capítulo 30: Oportunidades e desafios para as economias emergentes

À medida que as Moedas Digitais do Banco Central (CBDC) se tornam mais amplamente adoptadas, as economias emergentes podem ter oportunidades e desafios a considerar. Eis alguns dos potenciais impactos das CBDCs nestas economias.

Oportunidades:

- **Aumento da inclusão financeira**: Os CBDCs podem ajudar a melhorar a inclusão financeira nas economias emergentes, fornecendo uma alternativa de baixo custo aos sistemas bancários tradicionais. Podem também ajudar a chegar às populações sem conta bancária ou com pouca conta bancária, oferecendo soluções de pagamento digital sem necessidade de acesso a uma conta bancária tradicional.

- **Sistemas de pagamento mais eficientes**: Os CBDCs podem fornecer sistemas de pagamento mais rápidos, mais baratos e mais eficientes para as economias emergentes. Isto pode ajudar a reduzir o custo e o tempo das transacções transfronteiriças, o que é particularmente importante para as pequenas empresas e indivíduos que dependem de remessas.

- **Melhoria da política monetária**: Os CBDC podem proporcionar aos bancos centrais um melhor controlo da política monetária. Ao terem uma ligação directa com a política monetária do banco central, os CBDCs podem fornecer uma ferramenta mais eficaz para a implementação e ajustamento da política monetária.

Desafios:

- **Infra-estruturas técnicas**: As economias emergentes podem não ter a infraestrutura técnica necessária para apoiar a implementação dos CBDC. A infraestrutura digital pode necessitar de um investimento significativo para garantir que os CBDC possam ser acedidos e utilizados por todas as populações.

- **Estabilidade financeira**: Os CBDC podem potencialmente desestabilizar o sistema financeiro das economias emergentes. Poderiam levar a uma mudança no equilíbrio de poder entre os bancos comerciais e os bancos centrais, afectando potencialmente a estabilidade do sector bancário.

- **Quadros regulamentares**: As economias emergentes podem ter de estabelecer quadros regulamentares para garantir a utilização e a governação adequadas dos CBDC. Isto inclui questões como a cibersegurança[12] , a privacidade e o branqueamento de capitais.

- **Custos e financiamento**: O desenvolvimento e a implementação de CBDCs podem exigir investimentos e financiamentos significativos, o que pode ser um desafio para as economias emergentes com recursos limitados.
- **Flutuações das taxas de câmbio**: As economias emergentes poderão enfrentar flutuações das taxas de câmbio se os seus CBDCs forem mais amplamente adoptados a nível internacional. Estas flutuações poderão ter impacto no seu comércio e na sua estabilidade económica.

Em termos gerais, a adoção de CBDCs nas economias emergentes pode oferecer vários benefícios, incluindo uma maior inclusão financeira, sistemas de pagamento mais eficientes e uma melhor política monetária. No entanto, estes benefícios devem ser ponderados face aos potenciais desafios, incluindo a necessidade de infra-estruturas técnicas, quadros regulamentares e financiamento. Os CBDC representam uma mudança significativa no panorama financeiro e exigirão uma análise e um planeamento cuidadosos por parte das economias emergentes.

---

[12] A cibersegurança refere-se às práticas, tecnologias e medidas utilizadas para proteger computadores, redes, dados e outros activos digitais contra o acesso não autorizado, a utilização, o roubo, os danos ou outras formas de cyberameaças.

Capítulo 31: Oportunidades e desafios para as economias avançadas

As Moedas Digitais do Banco Central (CBDC) estão a atrair uma atenção significativa dos decisores políticos e das instituições financeiras de todo o mundo. As economias avançadas, como os Estados Unidos, a União Europeia e o Japão, têm estado a explorar os potenciais benefícios e desafios das CBDC. Neste capítulo, discutiremos as oportunidades e os desafios que as economias avançadas poderão enfrentar na implementação das CDBC.

Oportunidades para as economias avançadas:

- **Reforço da estabilidade financeira**: Os CBDC podem contribuir para a estabilidade do sistema financeiro, reduzindo o risco de corridas aos bancos e aumentando a eficácia da política monetária. Em tempos de crise, os bancos centrais podem utilizar os CBDC para fornecer liquidez à economia de forma rápida e eficiente.

- **Melhoria dos sistemas de pagamento**: As economias avançadas podem aproveitar os CBDCs para melhorar os seus sistemas de pagamento, tornando-os mais rápidos, mais baratos e mais seguros. Os CBDCs também podem ajudar a reduzir a dependência de dinheiro, o que pode melhorar a inclusão financeira e reduzir a economia subterrânea.

- **Apoiar a inovação**: Os CBDCs podem apoiar a inovação no sector financeiro, fornecendo uma plataforma para novos sistemas de pagamento e produtos financeiros. Os CBDC podem também proporcionar uma melhor compreensão do funcionamento das moedas digitais e do seu potencial impacto na economia.

- **Reforço da política monetária**: Os CBDCs podem ajudar os bancos centrais a implementar a sua política monetária de forma mais eficaz. Os CBDCs podem fornecer dados mais precisos e em tempo real sobre a economia, permitindo que os bancos centrais tomem decisões mais bem informadas.

Desafios para as economias avançadas:

- **Implementação e adoção**: A implementação dos CBDC exige um investimento significativo em tecnologia e infra-estruturas. As economias avançadas podem também enfrentar desafios na adoção dos CBDC devido a preocupações com questões de segurança, privacidade e regulamentação.

- **Perturbação do sistema financeiro**: Os CBDC têm potencial para perturbar o sistema financeiro atual, em especial o sistema bancário. Os bancos poderão ver-se confrontados com uma redução da sua base de depósitos, o que conduzirá a uma diminuição da capacidade de concessão de empréstimos.

- **Transacções transfronteiriças**: Os CBDCs podem enfrentar desafios significativos nas transacções transfronteiriças, tais como questões de interoperabilidade, diferenças regulamentares e conflitos políticos.

- **Preocupações com a privacidade**: Os CBDCs suscitam preocupações quanto à privacidade das transacções financeiras dos indivíduos. As economias avançadas terão de desenvolver regulamentação centrada na privacidade para responder a estas preocupações.

A adoção dos CBDC é uma tarefa complexa e difícil para as economias avançadas. No entanto, os potenciais benefícios dos CBDC, tais como o aumento da estabilidade financeira, a melhoria dos sistemas de pagamento, o apoio à inovação e o reforço da política monetária, são significativos. Para enfrentar os desafios dos CBDC, as economias avançadas terão de desenvolver um quadro regulamentar abrangente, investir em tecnologia e infra-estruturas e promover a cooperação e a coordenação internacionais.

Capítulo 32: Avanços tecnológicos e inovação

O desenvolvimento e a implementação dos CBDCs dependem fortemente dos avanços tecnológicos e da inovação. Neste capítulo, vamos explorar os avanços tecnológicos e as inovações que estão a moldar o futuro do CBDC. Neste capítulo, exploraremos os avanços tecnológicos e as inovações que estão a moldar o futuro do CBDC.

Tecnologia de cadeia de blocos

Um dos principais avanços tecnológicos que permitiram o desenvolvimento de CBDCs é a tecnologia blockchain. A cadeia de blocos é um livro-razão digital descentralizado e distribuído que permite transacções seguras e transparentes sem a necessidade de intermediários, como bancos ou outras instituições financeiras. Essa tecnologia já está sendo usada em várias criptomoedas, como Bitcoin, Ethereum[13], entre outras.

Os CBDC podem tirar partido da tecnologia de cadeia de blocos para permitir transacções rápidas, seguras e de baixo custo, assegurando simultaneamente a transparência e a imutabilidade. A utilização da tecnologia blockchain pode também reduzir o risco de fraude e contrafação, uma vez que as transacções são validadas e registadas em tempo real.

Contratos inteligentes

Os contratos inteligentes são programas de computador auto-executáveis que podem executar automaticamente os termos de um contrato quando são cumpridas condições predefinidas. Permitem a automatização de vários processos e eliminam a necessidade de intermediários, como advogados ou outros terceiros.

Os CBDC podem tirar partido de contratos inteligentes para automatizar várias transacções financeiras, como pagamentos, empréstimos e outros acordos financeiros. Isto pode reduzir o custo e o tempo associados às transacções financeiras tradicionais, aumentando também a segurança e a transparência.

---

[13] O Ethereum é uma plataforma de código aberto, baseada em blockchain, que permite aos programadores criar e implementar aplicações descentralizadas (DApps) e contratos inteligentes. A Ethereum foi criada em 2015 por Vitalik Buterin, que procurou criar uma plataforma que permitisse transacções programáveis mais complexas do que a Bitcoin.

Inteligência Artificial (IA)[14]

A inteligência artificial é outra tecnologia que pode permitir o desenvolvimento de CBDCs mais sofisticados. A IA pode ser utilizada para analisar grandes quantidades de dados, identificar padrões e tendências e fazer previsões com base em dados históricos. Esta tecnologia também pode ser utilizada para desenvolver algoritmos que podem automatizar vários processos financeiros, como a deteção de fraudes e a avaliação de riscos.

Os CBDC podem tirar partido da IA para permitir transacções financeiras mais eficientes e eficazes, reduzindo simultaneamente o risco de fraude e erros. Por exemplo, a IA pode ser utilizada para detetar e prevenir o branqueamento de capitais, analisando padrões de transação e identificando actividades suspeitas.

Internet das coisas (IoT)[15]

A Internet das Coisas é uma rede de dispositivos ligados que podem comunicar entre si e trocar dados. Estes dispositivos podem incluir smartphones, tablets, wearables e outros dispositivos inteligentes.

Os CBDC podem tirar partido da IdC para permitir transacções financeiras simples e convenientes. Por exemplo, um smartwatch pode ser utilizado para efetuar um pagamento, bastando tocar com o dedo num terminal de pagamento. Isto pode reduzir a necessidade de dinheiro físico ou cartões de crédito, ao mesmo tempo que proporciona um método de pagamento mais cómodo e seguro.

---

[14] A inteligência artificial (IA) refere-se ao desenvolvimento de sistemas informáticos capazes de realizar tarefas que normalmente requerem a intervenção humana, como a perceção visual, o reconhecimento da inteligência da fala, a tomada de decisões e a tradução de línguas. A IA é conseguida através da aprendizagem automática, em que os algoritmos são treinados com grandes quantidades de dados e podem melhorar o seu desempenho ao longo do tempo. A IA pode ser aplicada numa vasta gama de sectores, incluindo os cuidados de saúde, as finanças, os transportes e a indústria transformadora, e tem o potencial de revolucionar a forma como vivemos e trabalhamos.

[15] A Internet das Coisas (IoT) refere-se à rede de dispositivos físicos, veículos, electrodomésticos e outros itens incorporados com sensores, software e conetividade, que lhes permitem ligar e trocar dados. Os dispositivos IoT podem comunicar entre si e com outros sistemas através da Internet, permitindo uma vasta gama de aplicações e serviços, incluindo a automatização doméstica, as cidades inteligentes, a automatização industrial e a monitorização dos cuidados de saúde.

O desenvolvimento e a implementação de CBDCs dependem fortemente dos avanços tecnológicos e da inovação. A tecnologia Blockchain, os contratos inteligentes, a inteligência artificial e a Internet das Coisas são apenas alguns exemplos das tecnologias que podem permitir o desenvolvimento de CBDCs mais eficientes, seguros e transparentes. Estas tecnologias podem também proporcionar novas oportunidades e desafios para as economias emergentes e avançadas, bem como para o sistema financeiro mundial no seu conjunto. Será importante que os decisores políticos, as entidades reguladoras e outras partes interessadas continuem a monitorizar e a adaptar-se a estes avanços tecnológicos para garantir a utilização segura e eficiente dos CBDC.

IX. MEDOS E PREOCUPAÇÕES

Capítulo 33: Os receios das pessoas comuns em relação ao CBDC.

Capítulo 34: Preocupações das empresas relativamente ao CBDC.

Capítulo 35: Preocupações do Estado relativamente ao CBDC.

Capítulo 33: Os receios das pessoas comuns em relação ao CBDC

A Moeda Digital do Banco Central (CBDC) tem sido um tema de discussão no mundo financeiro há já algum tempo. Embora a CBDC tenha o potencial de trazer muitos benefícios para a economia e a sociedade, algumas pessoas ainda estão preocupadas com a sua implementação. Neste capítulo, vamos explorar alguns receios comuns das pessoas relativamente à CBDC.

- **Preocupações com a privacidade**: Um dos maiores receios em relação à CBDC é a privacidade. Uma vez que as transacções efectuadas com a CBDC são registadas num livro-razão público, existe o receio de que esta informação possa ser utilizada pelos governos ou outras entidades para controlar as transacções financeiras dos indivíduos. Algumas pessoas receiam que a sua informação financeira possa ser utilizada contra elas.

- **Riscos de cibersegurança**: O CBDC é uma moeda digital, o que significa que é suscetível a ataques cibernéticos. Muitas pessoas receiam que, se a CBDC for pirateada, as suas informações financeiras possam ser roubadas e possam perder o seu dinheiro. Este receio é especialmente prevalecente entre os indivíduos mais velhos que podem não estar tão familiarizados com a tecnologia digital.

- **Potencial de inflação**: Existe o receio de que a introdução da CBDC possa conduzir à inflação. Uma vez que a CBDC é apoiada pelo banco central, algumas pessoas receiam que o governo possa imprimir demasiada moeda, conduzindo a uma diminuição do valor da moeda.

- **Falta de anonimato**: Algumas pessoas receiam que a CBDC elimine o anonimato nas transacções financeiras. Embora algumas pessoas possam apreciar a transparência dos registos públicos, outras receiam que as suas transacções financeiras possam ser rastreadas até elas, comprometendo a sua privacidade.

- **Dependência da tecnologia**: A CBDC é uma moeda digital, o que significa que requer acesso à tecnologia para ser utilizada. Algumas pessoas receiam que isto possa criar um fosso digital, em que aqueles que não têm acesso à tecnologia sejam deixados para trás. Além disso, existe o receio de que, em caso de falha da tecnologia, os indivíduos possam perder o acesso aos seus fundos.

- **Potencial para o governo se exceder**: A CBDC é emitida pelo banco central, o que significa que o governo tem um grande controlo sobre a sua utilização.

Algumas pessoas receiam que esta situação possa conduzir a um excesso de poder por parte do governo, que poderia utilizar a CBDC para controlar as transacções financeiras dos indivíduos.

Capítulo 34: Preocupações das empresas relativamente ao CBDC

A Moeda Digital do Banco Central (CBDC) é uma nova forma de moeda digital emitida por um banco central que tem o potencial de transformar o panorama financeiro. Embora a CBDC ofereça vários benefícios, também coloca alguns desafios e preocupações, especialmente para as empresas.

Eis algumas das principais preocupações das empresas relativamente ao CBDC:

- **Perturbação dos modelos de negócio**: A CBDC pode potencialmente perturbar os modelos de negócio tradicionais ao reduzir a necessidade de intermediários nas transacções financeiras. Isto pode afetar as instituições financeiras, os fornecedores de pagamentos e outros intermediários que facilitam as transacções entre empresas e consumidores. Consequentemente, algumas empresas poderão ter de reavaliar os seus modelos de negócio e adaptar-se ao panorama em mudança.

- **Riscos de cibersegurança**: Com o aumento da utilização de moedas digitais, existe uma preocupação crescente com os riscos de cibersegurança. A CBDC pode tornar-se um alvo para os cibercriminosos que podem roubar ou manipular activos digitais. As empresas que detêm CBDC podem ter de investir em medidas de cibersegurança robustas para proteger os seus activos de potenciais ameaças cibernéticas.

- **Impacto sobre a estabilidade financeira**: A CBDC poderá ter impacto na estabilidade financeira ao alterar a dinâmica do sistema financeiro. Por exemplo, se a CBDC for amplamente adoptada, poderá levar a uma redução dos depósitos bancários e a uma mudança no equilíbrio de poder entre os bancos e os bancos centrais. Tal poderia afetar potencialmente a disponibilidade de crédito e de liquidez no sistema financeiro.

- **Desafios operacionais**: A implementação da CBDC pode ser difícil e dispendiosa para as empresas. Estas podem ter de investir em novas infra-estruturas e tecnologias para permitir transacções CBDC. Isto pode representar um desafio para as empresas mais pequenas que podem não ter os recursos necessários para investir na nova tecnologia.

- **Incerteza jurídica e regulamentar**: Existe ainda alguma incerteza jurídica e regulamentar em torno da CBDC, especialmente em termos de tributação e de requisitos de combate ao branqueamento de capitais (AML) e de conhecimento do cliente (KYC). As empresas que detêm CBDC podem ter de navegar num cenário regulamentar complexo e cumprir vários regulamentos.

Em conclusão, a CBDC oferece vários benefícios às empresas, incluindo transacções mais rápidas e baratas, maior inclusão financeira e custos de transação reduzidos. No entanto, também coloca alguns desafios e preocupações, especialmente para as empresas que podem ter de se adaptar à evolução do panorama financeiro. É importante que as empresas avaliem cuidadosamente os potenciais riscos e benefícios da CBDC e desenvolvam estratégias para gerir os riscos e tirar partido das oportunidades apresentadas por esta nova tecnologia.

Capítulo 35: Preocupações do Estado relativamente ao CBDC

Embora os CBDC tenham muitos benefícios potenciais, os governos e os bancos centrais também estão a considerar os potenciais desafios que podem surgir da sua implementação. Algumas das preocupações do Estado relativamente aos CBDCs são:

- **Controlo da política monetária**: Uma das principais preocupações dos bancos centrais é o potencial impacto dos CBDC na sua capacidade de controlo da política monetária. Uma vez que os CBDC podem constituir um canal direto para o banco central distribuir dinheiro, poderão surgir desafios no controlo da massa monetária e na gestão da inflação. Os bancos centrais precisam de garantir que dispõem dos instrumentos necessários para manter a estabilidade monetária e, ao mesmo tempo, assegurar o êxito da implementação dos CBDC.

- **Estabilidade financeira**: Outra preocupação dos bancos centrais é o impacto dos CBDC na estabilidade financeira. Uma vez que os CBDC constituiriam uma alternativa aos depósitos bancários tradicionais, poderiam conduzir a uma mudança significativa na estrutura do sistema financeiro. Os bancos centrais devem garantir que a implementação dos CBDC não desestabiliza o sistema financeiro e que complementa a infraestrutura financeira existente.

- **Cibersegurança e riscos operacionais**: Os bancos centrais também precisam de considerar os potenciais riscos operacionais e de cibersegurança associados aos CBDC. Uma vez que os CBDCs dependem de infra-estruturas digitais, são vulneráveis a ataques cibernéticos, pirataria informática e outros tipos de falhas operacionais. Os bancos centrais devem assegurar a adoção das medidas necessárias para mitigar estes riscos e proteger o sistema financeiro de potenciais ameaças.

- **Preocupações com a privacidade e a vigilância**: Os governos devem considerar as implicações dos CBDC em termos de privacidade e vigilância. Embora os CBDC possam proporcionar maior transparência e responsabilidade, podem também suscitar preocupações quanto à vigilância governamental e à invasão da privacidade. É essencial equilibrar a necessidade de transparência com o direito à privacidade e garantir a adoção de medidas adequadas para proteger as informações pessoais dos indivíduos.

- **Quadros jurídicos e regulamentares**: Os governos precisam de estabelecer quadros jurídicos e regulamentares claros para a implementação e o funcionamento dos CBDC. Uma vez que os CBDCs representam uma mudança significativa no sistema financeiro, são necessários novos regulamentos e estruturas legais para reger a sua utilização. Os governos devem trabalhar no sentido de desenvolver orientações e quadros claros para garantir que os CBDC são seguros e eficazes para os utilizadores.

Em resumo, os CBDCs oferecem muitos benefícios potenciais, mas a sua implementação também apresenta desafios que devem ser cuidadosamente considerados. Os bancos centrais e os governos precisam de trabalhar em conjunto para desenvolver infra-estruturas jurídicas, regulamentares e tecnológicas adequadas para garantir o êxito da implementação dos CBDC.

X. CONCLUSÃO

Capítulo 36: Recapitulação dos pontos principais.

Capítulo 37: Implicações para os decisores políticos, as instituições financeiras e os consumidores.

Capítulo 38: Deve ter medo do CBDC?

Capítulo 39: Reflexões finais e recomendações.

Capítulo 36: Recapitulação dos pontos principais

Em conclusão, a Moeda Digital do Banco Central (CBDC) é uma forma digital de moeda emitida e apoiada por um banco central. Trata-se de um novo conceito no mundo financeiro que está a ganhar popularidade devido ao seu potencial para revolucionar a forma como utilizamos e acedemos ao dinheiro.

Uma das principais vantagens do CBDC é o aumento da inclusão financeira, uma vez que proporciona um meio fácil e acessível para que as pessoas não bancarizadas e sub-bancarizadas participem no sistema financeiro. Tem também o potencial de reduzir a fraude e a corrupção, melhorar a política monetária e aumentar a eficiência dos sistemas de pagamento.

No entanto, existem também vários desafios e desvantagens associados à CBDC, incluindo a potencial ameaça aos bancos comerciais, preocupações com a privacidade, desafios operacionais e técnicos e riscos de centralização.

A CBDC pode ser comparada com outros sistemas de pagamento, como o numerário, os sistemas de pagamento eletrónico tradicionais e as criptomoedas, e foi implementada em vários países, incluindo a China, a Suécia, o Uruguai, as Bahamas, a Nigéria, a Jamaica, a Coreia do Sul e a França.

As questões e os desafios regulamentares em torno dos CBDC incluem os quadros jurídicos e regulamentares, as transacções transfronteiriças e a interoperabilidade, bem como a cooperação e a coordenação internacionais.

O futuro da CBDC é promissor, com potenciais impactos no sistema financeiro mundial, oportunidades e desafios para as economias avançadas e emergentes, e avanços tecnológicos e inovação a impulsionar o seu desenvolvimento.

Em resumo, a CBDC tem o potencial de transformar o sector financeiro, mas é essencial abordar cuidadosamente os desafios e as questões associadas à sua implementação. Uma abordagem colaborativa e coordenada entre as autoridades reguladoras, os bancos centrais e outras partes interessadas será crucial para a concretização de todo o potencial da CBDC.

Capítulo 37: Implicações para os decisores políticos, as instituições financeiras e os consumidores

A introdução da Moeda Digital do Banco Central (CBDC) tem o potencial de afetar significativamente os decisores políticos, as instituições financeiras e os consumidores. Neste capítulo, discutiremos as implicações para cada um destes grupos.

Para os decisores de política, a CBDC representa uma oportunidade para aumentar a inclusão financeira e melhorar a eficácia da política monetária. No entanto, os decisores de política devem também abordar questões regulamentares e jurídicas relacionadas com a CDBC, incluindo questões de privacidade, transacções transfronteiriças e coordenação internacional.

Para as instituições financeiras, o CBDC apresenta tanto oportunidades como desafios. Por um lado, a CBDC poderá proporcionar um novo fluxo de receitas e reduzir os custos de transação. Por outro lado, a CBDC pode representar uma ameaça para o sistema bancário tradicional, em especial se os consumidores mudarem dos depósitos bancários para a CBDC.

Para os consumidores, as CDBC poderão oferecer benefícios como uma maior inclusão financeira e menores custos de transação. No entanto, os consumidores podem também ter preocupações com a privacidade e a adoção da CDBC pode exigir mudanças significativas na forma como realizam as transacções financeiras.

De um modo geral, as implicações da CBDC para os decisores políticos, as instituições financeiras e os consumidores dependerão da sua conceção e implementação específicas. Os decisores políticos devem equilibrar os benefícios da CBDC com os potenciais riscos e desafios, enquanto as instituições financeiras devem adaptar-se aos novos avanços tecnológicos e inovar para se manterem competitivas. Os consumidores devem também ponderar os benefícios e os riscos da adoção dos CDBC e ajustar os seus comportamentos financeiros em conformidade.

Em conclusão, a CBDC é um domínio financeiro complexo e em rápida evolução que apresenta oportunidades e desafios significativos para os decisores políticos, as instituições financeiras e os consumidores. A implementação e a adoção bem sucedidas da CBDC exigirão uma análise cuidadosa destas implicações e uma vontade de adaptação à evolução do panorama financeiro.

Capítulo 38: Deve ter medo do CBDC?

A Moeda Digital do Banco Central (CBDC) tem sido um tema de discussão quente no mundo das finanças e da tecnologia nos últimos anos. As CBDC são versões digitais de moedas fiduciárias emitidas por um banco central e apoiadas por garantias governamentais. A implementação dos CBDC poderá ter implicações significativas para o sistema financeiro mundial e para a forma como efectuamos transacções. Algumas pessoas estão preocupadas com as potenciais consequências dos CBDC, enquanto outras acreditam que trarão mudanças positivas. Neste capítulo, iremos analisar se deve ter medo dos CBDC.

Quais são os benefícios do CBDC?

Uma das principais vantagens do CBDC é o seu potencial para aumentar a inclusão financeira. Com os CBDC, as pessoas que não têm acesso aos serviços bancários tradicionais podem participar no sistema financeiro. Isto pode levar a um maior crescimento económico e a uma redução das taxas de pobreza. Os CBDC podem também reduzir os custos de transação e aumentar a velocidade dos pagamentos, facilitando o envio e a receção de dinheiro além-fronteiras.

As CDB podem também ajudar a reduzir os riscos associados às transacções em numerário, como a contrafação e o branqueamento de capitais. As transacções efectuadas com CBDCs são transparentes, rastreáveis e não podem ser falsificadas, o que as torna mais seguras do que o dinheiro. Além disso, as CBDCs podem ser programadas com caraterísticas como datas de validade ou limites de gastos para evitar fraudes e proteger os consumidores.

Quais são os riscos potenciais do CBDC?

Apesar dos potenciais benefícios, existem também alguns riscos associados às CDBC. Uma das principais preocupações é o facto de as CDBC poderem conduzir a um aumento da vigilância e à perda de privacidade. Uma vez que todas as transacções efectuadas com CBDC são rastreáveis, os governos ou os bancos centrais podem potencialmente monitorizar as actividades financeiras das pessoas. Tal poderia conduzir a violações da privacidade e das liberdades civis. Além disso, as CDB poderiam criar um ponto único de falha no sistema financeiro, tornando-o vulnerável a ataques informáticos.

Outra preocupação é o facto de os CBDC poderem perturbar o sistema bancário e conduzir à instabilidade financeira. Se as pessoas começarem a utilizar CBDC em vez das contas bancárias tradicionais, isso poderá levar a uma diminuição da procura de bancos, o que poderá conduzir a falências bancárias e a um risco sistémico. Além disso, se o banco central oferecer diretamente a moeda digital ao público, poderá perturbar o sistema bancário comercial, privando os bancos do seu papel de intermediários.

Deve ter medo do CBDC?

Em conclusão, o facto de se dever ou não ter medo dos CBDC depende da perspetiva de cada um. Se estiver preocupado com a privacidade e a vigilância governamental, pode encarar os CBDC com desconfiança. No entanto, se estiver otimista quanto ao potencial de inclusão financeira e de redução dos custos de transação, poderá acolher favoravelmente a implementação dos CBDC. Em última análise, o sucesso ou fracasso dos CBDCs dependerá da forma como são implementados e regulamentados. É essencial pesar os potenciais benefícios e riscos e tomar decisões informadas sobre a utilização ou não dos CDBC.

Capítulo 39: Reflexões finais e recomendações

Ao longo deste guia, examinámos as vantagens e desvantagens da CBDC, bem como as diferentes abordagens e estudos de caso da implementação da CBDC. Discutimos também os vários desafios regulamentares que têm de ser resolvidos, bem como o potencial impacto no sistema financeiro mundial e as oportunidades e desafios para as economias emergentes e avançadas.

Globalmente, a CBDC tem potencial para revolucionar a forma como realizamos transacções financeiras. Poderá aumentar a inclusão financeira, reduzir a fraude e a corrupção, melhorar a política monetária e proporcionar um sistema de pagamentos mais eficiente e seguro. No entanto, existem também potenciais desvantagens, como os riscos de centralização, as preocupações com a privacidade, os desafios operacionais e técnicos e a ameaça para os bancos comerciais.

Para os decisores políticos, a CBDC representa uma oportunidade para melhorar a inclusão financeira e reforçar a política monetária. No entanto, os decisores políticos também precisam de assegurar que o quadro regulamentar está em vigor para fazer face a potenciais riscos e garantir que a CBDC funciona de forma segura e protegida.

Para as instituições financeiras, a CBDC apresenta tanto oportunidades como desafios. Por um lado, poderá conduzir a uma maior eficiência e a poupanças de custos. Por outro lado, pode também ameaçar o papel dos bancos comerciais no sistema financeiro.

Para os consumidores, a CBDC poderia proporcionar um sistema de pagamento mais seguro e eficiente, mas também suscita preocupações quanto à privacidade e à vigilância.

Por conseguinte, é essencial que os decisores políticos, as instituições financeiras e os consumidores considerem cuidadosamente as implicações da CBDC e trabalhem em conjunto para desenvolver um quadro que aborde os potenciais riscos e maximize os benefícios. A colaboração entre países e organizações internacionais também é necessária para resolver questões de interoperabilidade transfronteiriça e garantir que a CBDC funcione sem problemas em diferentes jurisdições.

XI. REFERÊNCIAS

- CBDC Tracker - https://cbdctracker.org
- BIS (2018). "Central Bank Digital Currencies." Bank for International Settlements.
- Yermack, D. (2015). "Is Bitcoin a Real Currency?" National Bureau of Economic Research.
- Huang, J., & Zhou, Z. (2019). "Central Bank Digital Currency and Its Economic Implications." Economic Perspectives.
- World Bank (2020). "Central Bank Digital Currencies: Opportunities, Risks and Challenges." World Bank Group.
- McKinsey & Company (2019). "Central Bank Digital Currencies: A New Era of Digital Money." McKinsey & Company.
- ECB (2020). "Report on a Digital Euro." European Central Bank.
- G20 (2019). "G20 High-level Principles for Digital Financial Inclusion." G20 Osaka Summit.
- BIS (2021). "Central Bank Digital Currencies: Foundational Principles and Core Features." Bank for International Settlements.
- IMF (2021). "Legal Aspects of Central Bank Digital Currencies." International Monetary Fund.
- Bank of Canada (2020). "Central Bank Digital Currency: Motivations and Implications." Bank of Canada.
- BIS. (2021). Central bank digital currencies: foundational principles and core features.
- Deutsche Bank Research. (2021). CBDCs: A new era of central banking?
- Eichengreen, B., & Shin, H. S. (2021). Central bank digital currency: The quest for minimally invasive technology. Journal of Economic Perspectives, 35(1), 3-24.
- Engert, W., Hendry, S., & Moran, C. (2021). Central bank digital currencies: foundational principles and core features. Bank of Canada.
- Federal Reserve Board. (2021). Central bank digital currencies: A literature review.
- IMF. (2021). Central bank digital currencies: Opportunities, risks and challenges.
- World Economic Forum. (2020). Central bank digital currencies: Central banking for the digital age.
- Bank for International Settlements. (2020). Central bank digital currencies. BIS Papers, No. 107.
- Bank of Canada. (2021). Central bank digital currency: Opportunities, challenges and design. Discussion paper.

- Bank of England. (2020). Central bank digital currency: opportunities, challenges and design. Discussion paper.
- Barontini, C., & Holden, H. (2020). Proceeding with caution-a survey on central bank digital currency. BIS Quarterly Review, September.
- Carstens, A. (2018). Central bank digital currencies. Speech at the Hoover Institution, Stanford University.
- European Central Bank. (2021). Report on a digital euro.
- Goodhart, C., & Jensen, M. (2021). Central bank digital currencies and banking. Journal of Banking Regulation, 22(2), 83-97.
- Mancini-Griffoli, T., et al. (2021). Digital currencies: the rise of stablecoins. IMF Discussion Note, No. 21/02.
- Nakamoto, S. (2008). Bitcoin: A peer-to-peer electronic cash system.
- Raskin, M., & Yermack, D. (2016). Digital currencies, decentralized ledgers, and the future of central banking. Annual Review of Financial Economics, 8, 397-416.
- Sveriges Riksbank. (2020). The e-krona project. First interim report.
- U.S. Federal Reserve. (2021). Federal Reserve Board announces launch of the central bank digital currency (CBDC) research project.
- World Bank. (2021). The Global Findex Database 2017: Measuring Financial Inclusion and the Fintech Revolution.
- Central Bank Digital Currency: Opportunities, Challenges, and Design by Raphael Auer, Giulio Cornelli, Jon Frost, and Henry Holden (2020).
- Central Bank Digital Currency and Fintech in Asia by Douglas W. Arner, Paul P. S. Lai, and Wilson Chow (2021)
- Central Bank Digital Currency: The End of Monetary Policy As We Know It? by Dirk Niepelt (2020)
- Digital Currencies and Stablecoins: Policy, Risks, and Potential by Dong He (2020)
- The Handbook of Digital Currency: Bitcoin, Innovation, Financial Instruments, and Big Data edited by David Lee Kuo Chuen and Robert Deng (2015)
- Cryptocurrency, Blockchain, and Bitcoin: A Guide for Accounting and Business Professionals by Sean Stein Smith (2020)
- Handbook of Blockchain, Digital Finance, and Inclusion, Volume 1: Cryptocurrency, FinTech, InsurTech, and Regulation edited by David Lee Kuo Chuen and Robert H. Deng (2019)
- World Economic Forum. (2020). Central Bank Digital Currency Policy-Maker Toolkit.
- World Economic Forum. (2022). Nineteen countries in the G20 - which represents the world's largest economies - are exploring central bank

digital currencies, including Japan, India, Russia and South Korea. As mentioned above, the US and UK are researching CBDCs, but have not yet committed to introducing them.

- The Economist. (2022). According to the Atlantic Council, a think-tank in Washington, DC, 89 countries making up 90% of world GDP are exploring a CBDC. The Bahamian sand dollar, the East Caribbean D Cash and...
- IMF. (2022). We know that the move towards CBDCs is gaining momentum, driven by the ingenuity of Central Banks. All told, around 100 countries are exploring CBDCs at one level or another. Some researching, some testing, and a few already distributing CBDC to the public. In the Bahamas, the Sand Dollar—the local CBDC—has been in circulation for more than a year.
- Ozili, Peterson K. (2022). Central bank digital currency research around the World: a review of literature.
- Finextra. (2022). CBDCs: Here's what every central bank in the world is working on.
- The World Bank. (2022). ECA Talk: Digital Currencies and the Challenges for Central Banks.

Muito obrigado por ter lido este livro até o final. Se você gostou da leitura, ficarei imensamente honrado se puder compartilhar sua experiência deixando uma avaliação no site onde adquiriu o livro. O seu feedback é muito importante e ajuda a apresentar esta obra a outros leitores. Agradeço de coração pelo seu apoio!

www.ingramcontent.com/pod-product-compliance
Lightning Source LLC
Chambersburg PA
CBHW071654240526
45469CB00023B/2428